맨드라미 사진관

조평자 시집

시인동네 시인선 259   조평자 시집

맨드라미 사진관

시인동네

시인의 말

첫 시집이다.

어린 초저녁별과 고깃배와 물고기 떼를 끌고 다니느라
당신에게 너무 많은 신세를 졌다.

봄이 다 가서 다행이다.

2025년 8월
조평자

차례

시인의 말

제1부

카나리아 · 13

배관 · 14

멸치 · 16

모과 · 17

맨드라미 · 18

문신사 · 20

뭇국 · 21

내가 있었네 · 22

삼천포 · 24

앵강다숲 · 25

급히 만든 영정사진 · 26

이천 원에 갇히다 · 28

두 아이 · 29

꽃이 범람하는 사진관 · 30

어린 신부 · 32

제2부

누군가의 떨림 · 35

웃지 않을 권리 · 36

이정수가 죽었다 · 38

사랑 · 40

뒷집 · 41

감수성 · 42

궁리 · 44

거울의 성질 · 45

마젠타는 어두운 여름과 저녁 사이에서 · 46

장미 · 48

당신과 목련 · 50

이탈 · 51

헤엄치는 나라 · 52

숨은 슬픔 찾기 · 54

제3부

북 치는 소리 · 57

바다가 보이는 공원 · 58

분꽃 염소 · 60

풍경 · 61

물고기체(體) 목도장 · 62

버터플라이 · 64

세탁기 · 66

부추꽃 · 67

겨울 낙서암 · 68

눈썹달 · 70

바다는 퇴고 중 · 71

반복적인 세계 · 72

산청 · 74

입술동백 · 75

참조기 굽는 냄새 · 76

제4부

편지 · 79

단풍나무 브릿지 · 80

죄책감의 주기 · 82

집에 가자 · 83

부재중 · 84

옆모습을 본다는 것은 · 86

추석 · 88

주문을 묶는 것처럼 · 89

무릎 꿇은 여자처럼 · 90

괜찮다, 뿌리! · 92

목련 · 94

악보 · 95

햇무 · 96

폭우 · 98

이브 · 100

해설 공생의 정경 그리고 현시(顯示)와 사랑의
  미학적 언어 · 101
   염선옥(문학평론가)

제1부

카나리아

상점 출입문에 새소리를 달았습니다
늙은 사진사가

새가 울면서 문을 밉니다
새가 울면서 문을 닫습니다

구름은 모였다 하면 달아나 버리고

하루하루 일수를 찍을 때였습니다
새로 간판을 만들어야겠다고
카나리아 한쪽 발목을 분질러 어린아이 머리 위에 올려놓고
셔터를 마구 눌렀던 적이 있었습니다

한순간,

중심을 잃고 파닥거리던 날개
아무것도 모르고 아이는 소리 내어 웃었습니다

배관

배관공이 살다 간 방을 치운다 빈방을 열 때마다
왠지 사람이 있을 것 같다

햇빛만 쏟아지는
오후 세 시에

속절없이 떠난 그는
계단을 오르내릴 때 잔기침을 많이 했었다 그것은 배관에서 새어 나오는 소리 같기도 했고 녹물이 쏟아지는 것 같기도 했다
딱딱하게 굳어 있는

그가 먹다 두고 간
생강차 반병, 버리고 간 작업복은 등을 보이며 걸려 있다
재떨이로 쓰던 종지에는 별꽃다육이 심어져 있다
아무리 둘러보아도
배관공이 살다 간 방에 배관은 보이지 않는다

걸레질 몇 번에 빈방은 다시 말끔히
제 속을 비우고

또 어떤 사람이 이 방에 들어 쿨럭쿨럭 잔기침을 하며 살다
갈까 눈빛이 깊은 그 배관공의 출근 시간은 새벽 다섯 시였다

멸치

 죽을 만큼이라고 했는데 끝까지 했다 멸치는 그물에 걸리고 얼마 만에 죽을까? 그물에 가두면 펄떡이는 눈알들의 천국이라고 했다 그만하자고 했는데 장화를 신는 기분이라고 했다 열었다고 했는데 그것은 펄펄 끓었다고 했다 손발이 안 맞는 거라고 했는데 비늘이 튀어서라고 했다 한 마리씩이라고 했는데 한 소쿠리라고 했다 구멍이 났는데 실감이 났다고 했다 일몰이라고 했는데 일출이라고 했다

 피곤을 끌어당기는 것은 파도라고 했다

 피곤이, 피곤을, 파도가, 파도가, 파도가 몰려온다

모과

앳된 어미 돼지가 첫배에 낳은 새끼
예닐곱 마리 젖을 물리고 누워 있던 뒷집 돼지 막
그 오줌이 담 없는 우리 집으로 흘러나오다가 스민 자리
모과나무 한 그루 서 있다

어미 돼지 젖꼭지 같은 모과꽃을 피우면
새끼 돼지들은
쫄래쫄래 꽃냄새를 좇아 뛰어다녔다

모과나무에서
모과로 기우는 저녁을
반으로 잘랐다

모과 뱃속에는
새로 어미가 된 모과가
새끼들에게 말간 초유를 먹이고 있다

맨드라미

미결수 아버지가 실형을 떴다는 소문이 돌던 가을이었다
수업 마치고 맨드라미 핀
꽃밭 지나는데

옆 동네 사는 같은 반 그 아이와 눈이 마주쳤다
히죽 비웃으며
김일성 만세
놀러댔다
아니야, 아니야, 하는 순간 주먹이 날아왔다

나자빠진 채로 보았던 하염없이 붉은 꽃밭
활활 불덩이
아니야 아니야
맨드라미만 떠올랐다

김일성 만세!
김일성 만세!

그해 여름 술자리에서 아버지가 무심코 내뱉은…… 김·일·성·만·세

문신사

  이 작고 날카로운 바늘이 팔뚝에 그려낸 피아노 건반에서 서걱서걱 모래알 같은 질문들이 태어난다 누군가의 몸에 문양을 새기는 이것은 무엇인가? 바늘의 춤사위를 끝내고 나면 문신사는 질주를 시작한다 마음의 허기는 주로 밤에 번식한다 점점 더 볼륨을 높여가는 음악이 퍼지는 형식으로 문신사가 모는 스포츠카는 빠르게 달린다 가공하지 않은 본능은 직선이고 직진이다 결핍은 안전속도를 외면한다 몸을 빠져나가지 못한 울음에서 또 한 바퀴 문신사의 무늬가 생겨난다

뭇국

  뭇국을 끓입니다 서로 아무런 말도 없이 서운하게
  며칠을 앓다가

  냄비를 열어 사는 일에 다시 불을 붙이는 뭇국, 끓이면 용서가 되고 내가 울면 따라 울어요

  눈길조차 주지 않고 차려 먹는 저녁 밥상

  우물우물 식욕이 달아오를 때 슬픔의 허를 찔러요 실패와도 연애하고 싶어졌어요

  말간 쇠고기 국물이
  머뭇머뭇
  국그릇 둘레를 맴돌고 있어요

내가 있었네

카메라를 손보는 남자의 손 고요히 바라보네

사진 아니면 아무것도 아닌 그 남자 곁에
내가 있네

그 남자를 사랑했네

처음 셔터를 누르던 날
그 사람이 꽃을 배경으로 놓아주었고 떨리는 손으로 그 꽃보다 웃음을 담아냈지만
사랑은 손가락질에 힘겨웠네

우주만큼 커져 버린 소문의 무게
견딜 수 없어 젖먹이 버리고 달아났었네
무너진 자리에도 하루는 오고
하루에도 몇 번씩 불던 젖 무덤덤하게 짜내면서

빨간색을 못 보는 그 사람, 빨간 볼펜으로 손님 이름 적진

않을까
　알파벳이 서툰데, 카메라 사용설명서를 누가 읽어줄까

　그 사람만 생각했네
　더욱 견딜 수 없었네

　나는 돌아오고 말았네
　돌아와 사진을 찍었네

　떠나 있다가 잠시 돌아온 사람들의 가족사진
　영영 고향으로 돌아오는 사람의 독사진

　그 일생 속에 내가 있었네

삼천포

　간판 내린 옷가게 임대 젖구요 그 앞으로 우뚝 선 시계탑 젖구요 새로 생긴 미세먼지 안내판 붉은 숫자 젖구요 마스크 입김으로 안경알 흐리구요 일당 한 대가리 못 채운 일용직 남자 이만 원 내고 여인숙 가서 하룻밤 때우고요 먹어도 먹어도 배부르지 않은 칠천 원짜리 옛날 통닭 한 마리 시켜 먹고요 아무리 뒤척여도 잠 안 오고요 잠 못 드는 사람 이 집에도 있고요 저 집에도 있고요 출구가 없는 밤거리로 배낭 멘 사람 멀어지구요 사라지기 전에 한번 힐끔 뒤돌아보구요 언뜻 그 얼굴 알 것 같구요 병원 구급차 달려오구요 한밤에도 흰옷 입은 간호사들 정신없이 뛰구요 멈출 줄 모르는 빗물 바다를 향해 쓸려 나가구요 폐업한 바다모텔 뜯어진 가림막 얼기설기 젖구요 바닥을 치고 빗방울 튀어 오르는 거기 비 내리는 삼천포 아가씨 치마도 젖구요 어깨도 젖구요 그래도 아직 좋은 사람 많구요

앵강다숲

키스할 때 파래 냄새가 났다는 언니의 첫 상대는
앵강다숲 바닷가에 살던 남자였다

괄호처럼 달이 뜨면 바래 갈까?

헌 페인트통을 든 남자가 양팔로 비스듬히 옆구리 끌어안을 때마다
조금씩 물에 젖는 언니의 장화가 예뻤다

물 안에서 더 깊어지는 조개 구멍들
소라는 괄호 안으로 움찔 속살을 숨겼다

급히 만든 영정사진

그는 고무다라처럼 얼굴이 넓적하고 불그레한 낯빛, 날마다 펄떡이는 제철 활어를 판장에 내다 파는 사람이었다

　보리가 여물면 붕장어
　벚꽃이 질 땐 문어

주말에는 섬으로 들어오는 행인들에게 살아 있는 생선 아가미를 들었다 놓기를 몇 차례, 흥정은 쉽게 끝나지 않는지 한참을 뱃머리에 머물다 집으로 돌아가곤 했다

　마도(馬島) 토박이 정씨,
　열흘 전에 찍은 증명사진으로
　급히 만든 영정사진

그물에 걸린 상괭이 풀어준 날엔 종일 비린내가 난다는 갈퀴 손으로 당기던 통발 줄 끊어지고 그 덕에 문어만 살아남은 마도 앞바다

빈 배 한 척
아직 떠 있다고 들었다

이천 원에 갇히다

사진관이 몹시 어렵던 때였다
나이 지긋한 여인이 가게로 들어와
시집 한 권을 사 달라고 했다

만 원이었다
무심코 이천 원을 깎았다

정중히 고개 숙여 인사를 하는
여인을 보낸 뒤

꿀을 따러 꽃 속으로 들어가
영영 갇혀버린 벌처럼
나는 이천 원 감옥에 갇혔다

두 아이

  애를 안고 들어서는 애 엄마가 낯익다. 틈만 나면 우정 사진 찍으러 오더니 여고 친구들 봄 소풍 가는 날, 피자 배달원 남자친구랑 마음에도 없는 커플 사진 찍으며 애써 웃어도 슬픔이 콕콕 눈을 찌르는지 이마 뒤덮은 앞머리 푸푸 불어 넘기던 노랑머리, 그 자퇴생이었다. 내가 셔터를 누를 때마다 "우리 아들 너무 잘생겼죠? 이모." 그 말이 우리 아기 얼굴이 제일 슬프죠, 로 들렸다. 문을 열고 나가려다 뭔가를 나를 알아차린 듯 고개 돌리며 이렇게 대답했다. "그렇게 됐어요, 이모."

꽃이 범람하는 사진관

많이 본다

한 장 한 장 한 장 한 장 한 장 한 장 한 장 한 장 한 장
한 장 한 장 한 장 한 장 한 장 한 장 한 장 한 장 한 장
한 장 한 장 한 장 한 장 한 장

꽃이 피면 그다음 꽃이 핀다

그럴 만한 이유로 피어나는 것이어서
별 뜻 없이 보고 있다

수위를 조절할 수 없는
꽃이 범람하는 사진관은
늘 허공이다

나비가 날아든다
어디서 본 것 같은 꽃의 소란

누구나 들어오고 나가는
머릿속 어딘가

셔터가 닫힌다

어린 신부

스물한 살 어린 신부는 지금도 사진관에 살고 있다
첫날밤 울음을 안고

한낮 내내 숱한 사람들 이야기가 피사체로 쌓인다
한 번도 찾아간 적 없는
5g 사진 한 장으로 다시 꽃피는 사진관

나무와 섬과 간이역과 일주문 밖에서
어린 신부를 만나러 온다

밤하늘의 별을 닦는 수많은 신부들이
5g 사진 속에서 걸어 나온다

베트남 그녀가 다급히 뽑으러 온
중환자실 한국 남편의 모습도
사진 한 장으로 드러누운 채 타닥타닥
아라비카 커피콩 볶이듯 검어져 간다

제2부

누군가의 떨림

농업기술센터 앞 작은 연못

소금쟁이 두 마리가 열심히 교미 중

한 마리인 듯 포갠 채

사뿐 배를 깔고 물보다 말랑말랑한 자세를 만들고 있다

수컷 소금쟁이를 싱싱한 모자처럼 얹은 암컷이

가느다란 다리의 표면장력으로 동심원을 이끌 때

반쯤 물에 잠긴 채

엎어진 자세로 떨림을 받아내던 연꽃이

어디 좀 가 있다가 온 얼굴로* 깨어나고 있다

---

*이성복.

웃지 않을 권리

비가 내렸다

비는 뚜벅뚜벅 걸어갔다
이태원역 1번 출구,
벽을 향해 울기도 하는 까닭 모를 마음을 연신 내보내고 있다

비는 일종의 구토일까
그 많은 판단중지가 포스트잇 속에서 다음을 기다리며,

오늘 활짝 울게

다음 뒤에도 차마 피지 못한 그다음이 울기 시작했다
골목은 통과하지 못한 보행의 자세들을 모두 꺼내 놓았다

비를 좋아하지 않는 사람도
다음, 이라는 말에 눈물 흘렸다

오늘
저 비를 다 울겠다는 듯이

이정수가 죽었다

사람 사는 세상* 사람이 좋아서,

노무현 서거 2주기 때
덕수궁 대한문 앞에서 2박 3일 대통령 얼굴을 그렸다

대형 걸개그림 아래
촛불 모아
추모제 지내던 젊은 만화작가 파랑이,

그 얼굴 그렸다고 사람들이 빨갱이라고 손가락질했다
모두가 한발 물러서서 구경만 했다

빨갱이!

이정수는 몸으로 참았다
몸으로 갚았다 돌이킬 수 없는 병이 들었다
원산지도 없는 악성 댓글 던지고는 서울로 돌아가지 않았다 누나, 나 살 수 있을까?

아무도 거들떠보지 않는 목숨 하나가 그렇게
외로운 남해 먼 바닷가에서

촛불 속으로 타들어 갔다

---

*만화작가 이정수는 '사람 사는 세상' '사람이 좋아서' 대통령 얼굴 그리고 나서 들은 빨갱이 소리가 너무 힘들어서 닉네임을 파랑이로 바꾸고 살다가 1년 전 대장암 말기 판정을 받았다. 지인들에게 알리지 않고 홀로 투병하다가 2023년 11월 6일 영면했다.

사랑

중앙의원에서

실반지를 팔아 가랑이 벌리고 깊은 잠에 빠져 있을 때

누군가 푸성귀 같은 짧은 사랑을 떼어 갔다

뒷집

헐리고 나니 보였다고 했다

대문이 없는 것도, 빈 의자 하나를 내놓은 것도, 능소화 앞다 퉈 뛰어내려 한여름 밤이 처연해진 것도,

헐벗고 나니 보였다고 했다

빨래집게에 발목 물린 양말 두 짝이 아무 데도 가지 않고 누구를 애타게 기다리고 있는지

물 빠진 트렁크 팬티에 누런 난닝구만 홀로 멍하니, 골목 밖을 내다보고 있었다고 했다

감수성

나는 당신의 지옥이 될 테야
절박해지면서

숲을 꿈꾸며
헛도는 문장을 경작하는 지옥
물 오래 먹은

나무 곰팡이 모이는 숲에서
자주 구겨지고 버려지는
한 뭉치의 생각

나는 지옥이다

악착같이 매달리는 페이지에서 잠시
생각했다

나는 당신의 몇 번째 지옥일까

떨어뜨린 볼펜을 주워 올리면서

또 생각했다

궁리

개구리가 물탱크에 갇혀 있다

다 말라가는 바닥의 빗물도 믿으면
구원을 얻게 된다

참을성이 많아져서
뒷다리가 자꾸만 아래로 향하는 동안

쥐똥나무 그 울타리
흙 밟을 일만 궁리했다

물탱크 그득 채운 빗물 땅으로 넘칠 때
서슴없이 비의 등에 올라탈 생각에

무릎을 꿇고 앉아
끝장을 보고 있다

거울의 성질

남편이 주워다 놓은 거울에 지나가는 내가 비쳤는데

정작 내가 본 것은 거울의 표정이었다

언제부터 끈질기게 나를 보고 있었을까

거울이 꺼내 놓은 내 옆모습, 초라했다

자주 닦지 않은 신발 늘어난 바지 무릎 자국……

마주한 자국들이 두 눈 가득 겹쳐졌다

거울은 제가 버려진 물건인 줄 모르고 거울이 되어 갔다[*]

넘실거리는 파도를 만들어
눈물이 뚝뚝 떨어지는 나를 보여주었다

---

*신용목 시 변용.

마젠타는 어두운 여름과 저녁 사이에서

석류가 벌어졌다
오래도록 울어서

이상하고 신비한 충동의 립 컬러,
마젠타는 벌어지는 기분의 색

길가에서 엉글어버린 석류는
성별을 알 수 없는 헛바늘 내민 채

다만, 벌어져 있다

신물 줄줄 흐르는 과즙이 과오를
환하게 촉진한다

그 어떤 혀도 담지 못한다*

여자가 울음을 터트린다
립스틱 반쯤 지워진 울음의 속살은 자연스럽다

최근 가장 오래 발기한 노을 사그라지면
신물 밴 벌건 자국만 남으리라

터지는 것은 과오가 아니다

---
*이리나 슈발로바.

장미

누군가 장미 한 송이를 밖으로 던졌습니다
눈물의 속도로

던지기 좋은 꽃,
장미 주인은 당신입니까?

장미는 피울 때 황홀해집니다
장미는 던질 때 홀가분해집니다

장미는 슬플 때마다
몸을 움츠립니다

붉은 루주로 어른 흉내 내며
신부보다 앞서 걸어 나간 화동은 보이지 않고

참으라고,
참으라고,

꺾어도 꺾어도 피는 장미를 참으라고
당신은 나에게 주문을 합니다

당신과 목련

당신은 풀벌레의 자세를 사랑한다
눈물을 뚝뚝 흘리는 수액의 망연한 눈을 가졌다

콧줄 잡아 뜯으며
탈출을 결행하던 힘을 제압하고

모월 모일
발이 땅에 닿지 않는 노인을 망망대해로 보내주었다
제자리로 돌아와 새로운 커버로 갈아입었다

희한하다 오늘 밤
노인 대신 달 한 덩어리 드러눕는 침대 위로
주섬주섬
눈곱을 떼며 깨어나는
목련꽃

이탈

집을 나와
무작정 달리고 있었다
슬퍼지려고

야트막한 강물이 반짝 마음 밖으로 사라졌다

몇 개의 터널을 빠져나올 때
따뜻한 손이 들어왔다 나가는 호주머니의 기분을
조금은 이해했다

새카맣게 태운 냄비보다
아무렇게나 벗어던지고 온 브래지어가 마음에 걸렸다

헤엄치는 나라

잠시 절망하겠습니다

바닷물이 들어설 때
바다의 바깥으로만 서성였습니다

물속이어도 나아가지 못했습니다

숨을 고르는 구절마다
부서지는 것들의 페이지만 늘어날 뿐

바닥에 가라앉은 영상은 내 것이 아니었습니다

수면 아래의 알 수 없는 두려움과
젖은 피사체의 절규와
흑백의 슬픔들

잠시만 기다려 주십시오

곧 머리를 들어
햇살이 부서지는 수면 위로 올라가겠습니다

숨은 슬픔 찾기

꽃을 묶는 상점으로 갔다

꽃봉오리 속으로
숨으세요

토시를 낀 남자들이
한 아름씩 꽃을 안고 어디론가 사라졌다

머리카락으로 가슴을 가린 마네킹
슬픔이 주변에서 맴돌았다

입술이 뭉개진다와 목이 부러진다 사이

소리 내어 울고 싶은
꽃잎,

내가 찾는 유력한 슬픔의 표식이었다

제3부

북 치는 소리
―다르부카

자퇴를 골랐다

꽃을 고르는 일보다 쉬웠다
타의라고는 한 점도 없는 자의의
봄날이었다

학교가 거추장스러운 나에게
더는 쓸모없는 교복 불구덩이에 던져질 때

나는 이미 다르부카였다

두드리는 손가락이 자꾸 울어서
가슴에 구멍을 내고 밧줄을 맬 때처럼
울어서

북소리가 몸 안에서 마르는 날이 없었다

바다가 보이는 공원

다 가리지 못하는 마음은 손톱처럼 자라지

 손톱을 물어뜯으면서 뾰족구두에 심장을 얹고 여기서부터 걸어야겠지
 어두워지면 연인들이 모여드는 그 공원까지

 바다가 보이는 공원 길을 비추는 가로등 불빛의 온도는 목련의 체온과 비슷해
 목련은 늘 가로등 쪽에서 먼저 피어나지

 나는 알지 못하지만 가로등과 목련은 아는 사이,

그것은 이미 다 지난 이야기

 풍금새에게 생살 쪼아 먹히면서도 날아가지 않는 나스카부비새는 서로의 흉터에 기대고 사는 관계라지
 그러면서도 서로의 죽음에는
 관여하지 않는

나는 알지 못하지만 그것은
관계의 불문율

바다가 보이는 공원에 나가려면
그래서 용기가 필요하지

분꽃 염소

귀먼 달팽이 길게 어둠을 빼내는 저녁
누군가 문틈에 끼워 두고 간
분꽃 씨 한 봉지
불 꺼진 창문을 두드리고 있다

통신요금 고지서가 들어 있던 봉지
속에서 웅크리고 있는
분 냄새의 그 씨앗
오래전 집을 나간 누이 같다

눈썹 까만 염소 한 마리 우는
마당가에 밤마다 피던
분꽃에서 들리는 염소 울음 같은 누이의 웃음소리
창문에 하나둘 불빛으로 들어차고 있다

풍경

총각은 월세방을 얻어 혼자 지낸다
술을 자주 마신다고 택시회사에서 잘렸다

태백으로 가서 모르는 사람들과
컨테이너 숙식을 하며 깨진 돌 실어 나르는 덤프트럭 몬다

두어 달에 한 번 와서 밀린 공과금 몰아서 내고
푹 자고 간다

돌아가신 어머니가 살던 방에서
밤마다 이름을 부르며
시간이 날 때마다

어머니의 잠이 묻은 빈방을 닦으러 오곤 한다

제라늄이 말라 죽은 화분에서 잡초가 새파랗게 돋아났다

물고기체(體) 목도장

멸치 배를 타던 그가 보이지 않는 어느 날

한 서린 교도소에서 적막을 갉는 소리가 들려왔다

억장이 무너지던 하루가 마르고 또 말라

나무 끝에 나뭇가루 쌓인다

두고 온 딸자식 눈빛 창살에 밤별로 떠올라

가슴에 새긴 아픈 수인번호 읽는 것만 같은데

인내라는 도장나무 꽃말을 몇 번이나 새겼는지

생가지 마른 상처마다 집으로 돌아가는 길

새겨진 도장에서 붉은 물살을 헤치며

개밥바라기별 뜬 회양목 울타리 제집으로

멸치 떼가 헤엄쳐 들어오는 걸 그가 본다

버터플라이

  무사히 새벽이 도착했습니다, 나비 떼처럼 실내수영장으로 색색의 신발들이 모여듭니다

  노란 수영모를 쓴 새벽 여섯 시 반 사람들은 여섯 시 방향으로 서서 종아리에 감기는 물방울로 갈아입습니다

  손가락이 긴 강사 선생님 지시문이 사방으로 흩어집니다

  물고기의 기분을 배웁니다
내가 나를 들어 올리는 영법에서는 전생에 잃어버린 날개도 환생합니다

  날개 달린 물고기는 등이 깊게 파인 낭만적인 무늬를 수면 위로 밀어 올립니다

  한번 건너면 다시는 돌아올 수 없는 것처럼 갈 데까지 가 보는 가쁜 숨, 벌거벗은 맨살이 하늘에 닿습니다

나는 지금 생기가 돌아 전율하는 천국의 옆구리를 죽을힘으로 껴안아 보는 중입니다

턴,

세탁기

엉덩이의 문제였다

나는 잘 뭉쳐지는 옷 하나를 집어 연신 놓칠 때 한꺼번에 쏟
아내는 눈물의 서식지

조개껍데기라고 생각해

처음부터 너무 적나라해서 감당할 수 없는 것들 모두 내 안
으로 들어왔다
거품 범벅이 된 채 물에서 만난 속살들이 한꺼번에 뭉개졌다

황홀하게 멜로디를 만드는 동전 한 닢
내 오른쪽 귓속에 들어 있었다
숨을 참았다

누군가의 손이 감당하기 좋게 엉긴 빨래의 목을 들어 올렸
다 샤프란 냄새가 진동했다

부추꽃

부추꽃 그림 액자를 창문 옆에 걸었다

그리움도 단박에 못 박힐 데가 있다

문 닫은 대성철물

손이 느린 아저씨는 못을 눈대중으로 팔았다

이백 원에 한주먹 쥐여주던

못 뭉치처럼

부추꽃은 해마다 뭉쳐서 피었다

겨울 낙서암

보고 싶으니까
보고 싶으니까

대답처럼 질문하고 질문처럼 대답하면서
비탈길 낭떠러지 물푸레나무들과
낙서암 간다

서로에게 시들고도 남은 달맞이,
섬초롱이, 자주달개비, 수서 해당화, 붉은 인동덩굴,

염불하다가 목탁에 기댄 채 애기동자 잠든 바위를
오래 서성인다

행자승은 어린 소녀였다

깊은 산속 절벽 아래 숨어드는
새벽 달빛으로 깎은 머리는 파르스름했다

손바닥만 한 올림푸스카메라를 들고 와서 사진을 뽑아가곤
했다
 큰 스님 심부름하던 오그린 손은 꽁꽁 얼어 있었다

 발갛게 언 볼 때문에 바랑은 더욱 무거워 보였다

 따뜻한 물을 틀 때마다 생각나던
 그녀의 언 손을 녹이고 돌아온다

눈썹달

일렬로 늘어선 감나무를 따라 걷는다
가지마다 움이 트려는지
발걸음 빨라진다

앞만 보고 걸었는데
내 눈썹이 달에 걸렸다

순식간에 빨려 들어가
어릴 적 감나무 한 그루에 도착했다

술 취한 아버지의 눈썹
나뭇단에 내려앉아 훌쩍이고 있다

바다는 퇴고 중

꽃게가
다른 꽃게의 발을 물었다

물을 자르며 놀던 집게발은
한번 물면 놓지 않는다

흩어지기 위해
게거품을 물고

살기 위해
게거품을 물고

잘려나가는 발을 따라가려고 발버둥 치다가
다시 자라는 성질 때문에
꽃게는

밀려오는 파도는 절대로 멈추지 않는다

반복적인 세계

또 피어난다 동백꽃

실내수영장 초급반 시절 1레인 사람들
젖은 볼은 발그스름했다

외롭다는 말
병처럼 달고

사는 나를
물속에 풀어 놓으면

물에 처박히는 생각도 젖고
거칠어지는 숨소리도 잦아들어

마음에 물기가 돌 때
그 동백 또 붉었다

쓰다 남은 날개 달린 생리대

붉은 꽃 받아내고 싶어 몸 저리는데

수영 접은
실내수영장 동백나무 한창 꽃피우는 모양이다

산청

돌 틈 노루귀꽃
봄 햇살에 들키고 있었다

간디학교 기숙사 앞을 지날 때였다

츄리닝 입고
흰 운동화 신은

두 아이가
자동차 향해 인사하며 지나갔다

또 한 아이가
풀 이파리처럼 온몸 펄럭이며

걸어오고 있었다
그 아이도 우리를 향해 머리를 숙였다

입술동백

모서리가 닳고 빛바랜 사진을 복원한다

전과를 훈장처럼 품고 봉천골 아가씨들과 배 타고 건너갔던 수우도*

겨우겨우 피어나

벼랑으로 떨어져 버린 꽃들을 거기서 보았다

발밑에서 홀쩍홀쩍

동백꽃 부르튼 입술들이 서로 자물리고 있다

피 끓는 사랑이 복원되고 있다

---

*통영시 사량면에 있는 섬.

참조기 굽는 냄새

일주문에
봄비 내렸다

빗소리 따라갔지만
일주문은 원래 물고기의 눈이었을까?

문(門)이라고 적힌 곳에 닿으면
혈통이 같은 또 다른 문이 있고

오르락내리락
몇 바퀴쯤 돌았을 때 잠시 비 그치고

절 아래 식당 참조기 굽는 냄새만
점점 멀어지고 있었다

제4부

편지

열일곱에 대처로 나간 오빠
부산철공소 쇳가루 묻은 첫 월급 삼만 원
윤덕순 이름 앞으로 우편환 올 때
파란 하늘
시골집 마당에 봄은 당도하고

단풍나무 브릿지

딸아이가 아름답고 슬픈 첼로 연주자가 되기로 한 뒤

좁은 방에서 혼자

이제 막 그네를 배우는 아이처럼

현을 밀었다 당길 때

저 작은 나뭇조각,

단풍나무 브릿지에 얹히는 음악은 불안하기만 했다

매번 틀리는 음에서 자주 틀렸다

항공전용 케이스가 없어서,

삼성 냉장고 종이상자에 담아 테이프로 친친 감은 악기

화물칸에 싣고 독일로 떠날 때

젖은 발 단풍나무 브릿지

비행운을 길게 그으며 날아올랐다

죄책감의 주기

사흘째, 어머니가, 말이 없다

등은 밤새도록 불을 밝히고
기다리면 기다릴수록

몇 번이고 열리다가 닫혀버리고 마는
저 슬픔의 이빨

빈집을 떠돌던 달에도
드문드문
잇자국이 생기는 동안

왜소한 골반만
이리저리 뒤척일 뿐,

어머니가, 사흘째 말이 없다

집에 가자

행복요양원,
침상 밑으로 엄마는 말을 모으고 있었다

망설이는 목소리를 들으려 귀를 세웠다
집에 가자, 내 귓속으로 들어섰다가 감자 싹처럼 도려져 나갔다

귀가 벌겋게 달아올랐다

감자 심어놓고 올게요, 엄마
귀에다 봄 감자를 심었다

울지 못한 안쪽의 기분들이 중얼거리며 날아다녔다

감자분 같은 유리 먼지를 닦으면
우리 엄마, 모아둔 말을 안고
영영 살아서 집으로 돌아오지 못한다

부재중

당신이 푸른 수의를 걸치고 난 후
식구들에게는 당신이 없는 밤이 시작되었다

때 묻은 옷을 빨며 실컷 울고 들어와
큰아이 교복 입히고
딸아이는 긴 머리 갈래로 묶어
곱게 채비를 하고 집을 나선다
아이가 모두 넷
걸음이 서툰 막내는 업고 당신이 걷던 그 길을 걸어간다

손끝까지 덮어 입은 소매처럼
고요를 늘어뜨린 신작로
당신 일로 낯익은 파출소
건너편엔 사방으로 억울함을 나르던
우체통이 무릎걸음으로 붉게 앉아 있다

당신의 자리는 당신이 짐작할 만큼 비워둔 채로
삐걱거리는 나무 계단에서

며칠 뒤면 당신 품에 닿을 가족사진을 찍는다

수형의 무게로 패여 나간 모퉁이를 물고
담장 밖으로 흐르는 눈썹달

오래된 느티나무 그늘 속에는 당신이 없다

옆모습을 본다는 것은

담이 낮은 그 집 빨랫줄에 물메기가 마르고

마당가 파밭에는 초록이 파이프오르간을 누르고 있다

겨우내 덮어둔 덮개를 걷고 아세아트랙터가 새 힘을 돋우고 있다

바짝 말라죽은 수국을 한참 바라보다가 발걸음을 떼었을 때

누군가 내 옆모습을 훔쳐본다는 느낌이 들었다

비 맞은 매발톱 꽃봉오리처럼 나도 젖고 있었는데

꺼내지 않은 노랫말 속에서 누군가 걸어 나오는 것 같았다

잘 사니?

침이 마르는 말들 고였다가 쏟아질 듯 간당간당했다

마악 눈을 뜨는 목련나무 젖은 꽃눈이었다

추석

엄마는 손바닥만 한 창문을 바라보고 있었다

꽃 핀 줄도 모르고

아무도 그립지 않은 초점 없는 눈으로

요새 부쩍 자주 나타나는 이동목욕차

꽃 피울 차례 급한

뒤꼍 쪽문은 몇 번이고

몇 번이고 열렸다가 닫혔다

하루 종일 꽃이 피어서

미안이 붉어지는 주기가 빨라졌다

주문을 묶는 것처럼

흰 그릇 소복하게
멥쌀 한 되 나비장 위에 놓여 있다

선반을 떠받히던 큰방 벽지 목단꽃들이
나비장 속으로 모여든다
야윈 호흡을 따라 돌던 기억들이
모서리마다 하얗다

푸른 밤 못물을 대고
달을 불러 모를 찌던 저 손 마디마디로
다부지게 열고 닫히던 나비장

문밖에는 쌀 씻는 소리 아직 쟁쟁한데

0에 가까워진다
주문을 묶는 것처럼

무릎 꿇은 여자처럼
— 고성 운흥사에 와서

저 어둠을
어떻게 다 건디나,

묵은 독의 가슴 안쪽을 열고

들어갔다
제 속으로 어둠을 표현하고 있었다
절에 갈 때마다

돈 타러 오는 시어머니 표현은
절집 장독에서 꺼내온 삭은 깻잎 한 뭉치뿐이었고

죽었으면 좋겠다
말하고 싶어도 못 하는 것은

내 표현이었다
절 마당에 삼층석탑 들어설 때
허물어 없애지 않고

산밑으로 옮겨놓은 장독대
해묵은 울타리 기와는

무릎 꿇은 여자처럼 둥그렇게
독을 둘러싸고 있었다

괜찮다, 뿌리!

감나무 한 그루 심으며 열 살을 생각했다

가지마다 돋는 움이, 어린 시절 그 연두였다
골목골목 비눗방울처럼 몰려다니던
동네 친구들 이름을 붙여주었다

물방울 튀는 소란 사이로 감꽃 흔들리던 여름
바람 높고 큰비 온 후
넘칠 듯하던 물을 보고 서 있던 도랑가 우리들처럼
안절부절했다

의젓하게 영글어 가던 그날,
뜰 안으로 느티나무 귀목이 들어왔다
베어지고 말려지고
켜켜이 귀한 몸이 되어

느티나무를 들어 올리던 크레인에
감나무가 맞았다

첫 감을 안고 쓰러졌다

괜찮다, 뿌리!

목련

친구가 불쑥 찾아왔다
생각지도 않은 그림자도
뒤따라 들어왔다
비행기 옆자리에 앉은 남자와
사랑에 빠져
아이도 버리고
예수님도 버리고
시아버지가 물려준 쥐고기 공장도 마다하고
땅끝마을로 도망갔다 돌아온
친구와 친구의
옛날 애인

악보

대학병원 암 병동 의사 만나고 온 날에도 출석하는 기타반 친구,

이젠 그만 아파야겠다고 말하면서 줄을 조율하는 게 손가락이 아파도 피크를 쓰지 않으려는 게
어떤 슬픔인지는 모르겠고

음자리표 끄트머리 외줄에 붙어 있는 인트로가
투루루루루
소리를 내보내는데

기타 가방 앞주머니 악보 두 장만
꺼내달라는 내 말에
정리할 때도 된 것 같아 다 버렸다, 고 하네

그 많은 시한부 악보들,

햇무

산수국 헛꽃이
어린 고라니와 잠드는 물찻오름 아래
돌담집 모래시계가 봉긋하게 성을 쌓기 시작한다

이 부엌에서 별은
물이다

바깥세상에 처음 나온 햇무를 달큼하게 씻겨
처음 생긴 저녁을
삼나무 밥상에 올린다

멀리,
바람결에 떠 있던 배를 매고
반물치마 마주 보며 먹는 뭇국,
허벅허벅한 무 속
수만 개 통점을 왜 몰랐을까

국그릇에 원망을 헹군다

덜 마른 치맛자락 스치는 손이
출렁거린다

폭우

흰 와이셔츠가 비에 젖고 있다

그 나무 아래 너는 와 있고 바다에는 비가 내린다

너는 깜빡이를 켰다가
껐다가

와이퍼를 따라 쉴 새 없이 바쁘다가
차에서 내려

얼굴 넓적하게 비 다 맞으며
내가 있는 우리 집을 바라보다가

오래 참은 서로의 눈이 마주칠까 봐

커튼으로 몸을 가렸다가
문틈으로 잠시 내다보다가 망설이다가 나는,

세차게 퍼붓는 빗줄기는 나를 향해 달려오다가

그때
바깥으로 나갔더라면,

이브

택시는 해변 소나무 아래 나를 내려놓고 사라졌다

모이기로 한 친구들이 다 모이면
우리도 절망할 수 있다

엄한 아버지를 어떻게 따돌리고 왔냐,

담배를 입에 문 목소리에 누군가 라이터 불을 붙였다

크리스마스이브를 틈타 바다는
자궁을 열어 알을 뿜기 시작했다

불꽃 튀는 폭죽들이 물결을 비웃듯 달려들었는데
밤이었다
밤이었다

해설

공생의 정경 그리고 현시(顯示)와 사랑의 미학적 언어

염선옥(문학평론가)

1. 시인, 동네

 거짓 이미지와 뒤틀린 진실로 둘러싸인 세계에서, 구체성과 윤리적 서정으로 옷을 해 입은 조평자 시인의 시집『맨드라미 사진관』을 천천히 독서삼도(讀書三到)한다. 사진작가로서의 오랜 경험이 스며든 그의 시는 삶의 진실을 찰나의 빛과 색채 그리고 심안(心眼)으로 갈무리하며 생생하게 펼쳐진다. 피사체로부터 끝내 눈을 떼지 않는 안도(眼到)의 오브제를 시인의 망막과 심연의 깊숙한 곳에서 현상하게 하고, 심도(心到)의 진중함을 통해 우리는 고요한 공감과 예술적 파문 그리고 오래 남는 울림을 경험하게 된다.

『맨드라미 사진관』은 슬픔과 고독, 존재론적 소외에 대한 시인의 날카로운 시선에서 탄생한다. "헐리고" "헐벗고 나니"(「뒷집」)에서 드러나듯, 조평자 시인은 허물어진 자리에 드러난 삶의 맨살을 집요하게 응시한다. 그러나 그 응시는 단순히 상실과 결핍을 기록하는 데 머물지 않고 잔여 위에 솟아오르는 새로운 의미의 가능성을 예민하게 사유하는 철학적 행위가 된다. 언어는 그 응시 속에서 흩어져 소멸되는 파도가 아니라 스스로 증식하며 끝내 불멸의 섬을 이룬다. 이렇게 모인 말들은 상실의 심연을 건너 우리에게 공감을 선사하고 희망을 열어젖힌다.

공동시집 『웃지 않을 권리』 이후 첫 시집을 내놓는 시인은, 이번 시집 제목이 함축하듯, 사진관을 운영하는 사진작가로서의 정체성을 잘 보여준다. 그의 시는 피사체를 오롯이 응시하는 집요한 시선에서 출발한다. 사진작가로서 "수위를 조절할 수 없는/꽃이 범람하는 사진관"을 "허공"(「꽃이 범람하는 사진관」)으로 설정하고, "모였다 하면 달아나 버리"는 "구름"(「카나리아」)이나 문을 열거나 닫을 때 새가 우는 사진관을 들판에 포개어 보이며 시간과 빛의 교차점에서 창작의 근원을 탐구한다. 시인은 "직선이고 직진"인 "가공하지 않은 본능"(「문신사」)으로 대상을 오래 응시하고 "많이 본" 뒤에는 "한 장 한 장 한 장 한 장"의 "꽃의 소란"(「꽃이 범람하는 사진관」)을 기억하고 기록하며 존재의 본래 형상과 빛깔에 가닿기 위해 다가 선다. 조평자 시인이 응시하는 '꽃'들은 이웃의 얼굴과 일상에 구체적으로 각인되어 있는데, 그의 시 안에는 "배관공"(「배관」), "애를 안고 들어서는 애 엄마가" 된 "자퇴생"(「두 아이」), "스물한 살"에 신부가 된 "베트남 그녀"(「어린 신부」), "사람 사는 세상"과 "사람이 좋"다던 "빨갱이!"로 불린 "이정수"(「이정수가 죽었다」), "택시회사에서 잘"린 "총각"(「풍경」), "멸치 배를 타던 그"(「물고기체(體) 목도장」), "문 닫은 대성철물//손이 느린 아저씨"(「부추꽃」), "부산철공소 쇳가루 묻은 첫 월급 삼만 원"을 보내던 "열일곱에 대처로 나간 오빠"(「편지」), "열흘 전에 찍은 증명사진으로" "영정사진"을 만든 "마도(馬島) 토박이 정씨"(「급히 만든 영정사진」) 등이 등장한다.

  이들의 존재는 저마다의 서사와 애환, 달라진 얼굴과 삶의 궤적을 품은 채 '나'의 생의 풍경이자 등고선을 이룬 공동체의 풍경으로 남는다. 시인은 이 고유하고 다양한 이웃의 삶을 섬세히 수집하며, 한 사람 한 사람의 슬픔과 고통, 그들의 시간과 장소에 머문 역사를 다양한 색채와 형태로 형상화한다. 그의 시는 일상의 소외와 고단함을 구체적으로 포착함으로써, 우리가 함께 공유하는 '동네'라는 자리에 존재하는 삶의 진실과 존재의 다채로운 빛을 철학적·미학직으로 드러내고 있다.

2. 상흔의 카메라 옵스큐라(camera obscura)

『맨드라미 사진관』은 '맨드라미'와 '사진관'의 단순한 명명이자 결합이 아니라 시인의 삶과 예술을 한데 아우르는 상징이다. 특히 「맨드라미」에서 드러나듯 '맨드라미'는 조평자 시인의 기억과 상처가 응축된 뿌리가 되는 셈이다. 그 뿌리 위에 세워진 '사진관'은 시인이 현재를 살아내는 자리를 드러내는 상징적 공간이다. "미결수 아버지가 실형을 떴다는 소문이 돌던 가을", "김일성 만세"를 외치며 놀리던 "옆 동네 사는 같은 반" 친구의 말은 '나'의 가슴에 낙인처럼 박혀 있다. 그 낙인은 시 속에서 "하염없이 붉은 꽃밭", "활활 불덩이"(「맨드라미」)로 형상화된다. 이 맨드라미는 개인사의 고통과 사회적 낙인이 뒤섞인 원초적 체험의 자리이며 그 기억은 치명적으로 붉고도 생생하다.

반면 '사진관'은 시인이 현재의 삶을 영위하는 노동의 구체적 공간이자, 언어가 세상과 만나는 창(窓)이다. 일가일신의 안위를 위해 사진작가로서 고객이 원하는 대로 증명사진과 영정사진, 가족사진과 독사진을 찍어주기도 하지만 때로 사진관은 "몹시 어렵"(「이천 원에 갇히다」)기도 하다. 그러나 그곳은 '동네'를 둘러싼 지역공동체의 결속력을 보여주는 이미지의 보고(寶庫)이기에, 시인은 그곳에서 만난 존재들을 증명하듯 그들을 기록해 나간다. 시인은 셔터에 포착된 고통과 슬품, 실존의 고독이 보관된 아카이브와도 같은 사진관에서 텍스트로 이들의 삶 너머를 저장하고 다시 환기한다.

  따라서 시집 제목인 '맨드라미 사진관'은 뿌리의 자리인 「맨드라미」와 현재의 시선을 담는 '사진관'을 이어, 과거 속 '나'의 상처와 현재의 '너'의 상처를 응시하는 긴장 속에서 공존하는 시인의 미학적 자리를 상징적으로 드러낸다. 이 두 시어가 환기하는 의미는 단순한 회고와 직업적 표지(標識)가 아니라, 시인 조평자의 정체를 성립하게 하는 근원과 현존의 알레고리이다. 노동의 현장이 되는 '사진관'은 시인의 생존을 지탱하는 공간에서 확장되어 나가며 카메라가 보여줄 수 없는 존재의 마모된 삶과 시간의 속살을 보듬어주는 공간이 되는 것이다.

    미결수 아버지가 실형을 떴다는 소문이 돌던 가을이었다
    수업 마치고 맨드라미 핀
    꽃밭 지나는데

    옆 동네 사는 같은 반 그 아이와 눈이 마주쳤다
    히죽 비웃으며
    김일성 만세
    놀려댔다
    아니야, 아니야, 하는 순간 주먹이 날아왔다

나자빠진 채로 보았던 하염없이 붉은 꽃밭

　　활활 불덩이

　　아니야 아니야

　　맨드라미만 떠올랐다

　　김일성 만세!

　　김일성 만세!

　　그해 여름 술자리에서 아버지가 무심코 내뱉은…… 김·
　일·성·만·세

　　　　　　　　　　　　　　　　—「맨드라미」 전문

　이 시편은 상흔과 낙인, 사회적 억압 그리고 주체의 응시가 교차하는 서정시이다. 화자는 "미결수 아버지가 실형을 떴다는 소문이 돌던 가을"이라는 구체적 시공간을 내세워, 가족사적 불행의 파편이 일상적으로 내면에 각인되어 있음을 출발점으로 삼는다. 여기서 "맨드라미 핀/꽃밭"을 지나는 소녀는 "옆 동네 사는 같은 반" 또래의 눈길과 "히죽 비웃으며/김일성 만세"라는 조롱에 맞닥뜨린다. 이 장면은 단순히 어린 시절의 불쾌한 기억을 넘어 시대와 상황이 한 개인의 정체성과 존엄에 어떻게 상흔을 남기는지 뚜렷이 보여준다. "아니야, 아니야, 하는 순간 주먹이 날아왔다//나자빠진 채로 보았던 하염없이 붉은 꽃밭/활활 불덩이/아니야 아니야/맨드라미만 떠올랐다"라는 연속적 부정과 붉은 맨드라미의 이미지는, 연좌제처럼 뜻밖의 폭력과 그로 인한 충격을 '붉은색'의 낙인 혹은 흉터로 치환한다. 여기서 맨드라미는 단순한 꽃이 아니다. 붉게 화상처럼 남은 맨드라미는 "김일성 만세"라는 구호와 연결되며, 가해자의 언어가 피해자의 신체, 기억, 감정 모두에 깊게 각인되는 현실을 뜻한다. 맨드라미의 붉음은 어린 화자가 겪은 근원적 모멸과 부정의 언어를 역설적으로 부각한다. "그해 여름 술자리에서 아버지가 무심코 내뱉은…… 김·일·성·만·세" 이후 반복되는 "김일성 만세!"는, 가족이라는 울타리를 뛰어넘어 사회와 역사, 이데올로기의 폭력까지 아우르는 압도적 운명으로 작동한다. 맨드라미는 붉은 고통이자 치유되지 않는 상처이며 내면의 화인(花印)이다.

3. 서늘한 사실들

조평자 시인은 '너'의 고통을 단순히 미학적 전율이나 보편성으로 환기하지 않는다. 그는 개별 존재의 심연까지 내려가 고여 있거나 썩어 있는 아픔을 조심스럽게 꺼내어 드러냄으로써 '너'를 정화(淨化)한다. 여기서 '너'는 화자 '나'가 바라보는 시적 대상인 주변의 이웃이면서 동시에 시를 마주하는 독자까지 포괄하는 개방성을 지닌다. 시인은 타자의 고통을 자신의 언어로 응시하면서 외면하지 않고 응고된 슬픔을 마침내 공동의 연민과 연대의 대상으로 확장하는 것이다. 이처럼 그의 시는 고통의 정화를 통해 '너'와 '나' 그리고 우리 모두를 다시 한번 조우하게 만든다.

    헐리고 나니 보였다고 했다

    대문이 없는 것도, 빈 의자 하나를 내놓은 것도, 능소화 앞다퉈 뛰어내려 한여름 밤이 처연해진 것도,

    헐벗고 나니 보였다고 했다

    빨래집게에 발목 물린 양말 두 짝이 아무 데도 가지 않고 누구를 애타게 기다리고 있는지

    물 빠진 트렁크 팬티에 누런 난닝구만 홀로 멍하니, 골목 밖을 내다보고 있었다고 했다

—「뒷집」 전문

이 작품은 일상의 폐허 위에 드러난 존재의 소외와 상실, 그리고 그 안에서 미세하게 번지는 연민의 미학을 보여준다.

시인은 "헐리고 나니", "헐벗고 나니" 존재의 흔적만 남은 '뒷집'을 알게 된다. "헐리고 나니 보였다고 했다//대문이 없는 것도, 빈 의자 하나를 내놓은 것도, 능소화 앞다퉈 뛰어내려 한여름 밤이 처연해진 것도,"라는 고백적 진술을 통해 해체된 공간에 우리를 초대한다. 존재가 없다면 집이 아니고 그것은 결국 창고에 불과하다. 대문, 담장, 의자, 창틀, 골목 같은 외형의 파편들은 집의 본질이 아니라 그 안에 흐르는 삶과 기억의 소용돌이에 가닿는 통로일 뿐이다. 집이 비로소 집이 되려면 반드시 존재가 필요하다. 아무리 사물들이 제자리를 지키고 있다 해도 그곳을 가로지르는 시선과 발자취 그리고 속삭임이 없을 때, 그곳은 더 이상 집이 아니다.

집은 궁극적으로 존재의 현존, 즉 거주자의 온기가 축적될 때 완성된다. "빨래집게에 발목 물린 양말 두 짝이 아무 데도 가지 않고 누구를 애타게 기다리고" "물 빠진 트렁크 팬티에 누런 난닝구만 홀로 멍하니, 골목 밖을 내다보고 있"는 풍경은, '너'의 부재에서 비롯된 적나라한 적요와 상실의 정서다. '너'의 부재로 이때 집이 옹기종기 모여 사는 '동네'를 이루었던 곳도 이제 더는 동네라 부를 수 없는 누추한 폐허로 전락한다는 사실이 '나'의 절박을 통해 뚜렷이 드러난다. 시는 존재의 결핍을 통해 집과 공간 그리고 일상의 의미를 미학적으로 환기한다. '너'의 부재는 한때 집들이 옹기종기 모여 '동네'를 이루던 공간마저 더 이상 동네라 불릴 수 없는 누추한 폐허로 변모시킨다는 깨달음이 되어 '나'의 절박한 목소리를 통해 뚜렷하게 드러난다. 이처럼 조평자 시인의 서늘한 사실들에 대한 시적 감각은 존재의 결핍이 남긴 상실과 적막을 통해 집과 공간 그리고 일상의 의미를 미학적으로 환기한다. 부재는 단순한 공허가 아니라 삶의 터전이 결핍의 장소로 전환되는 순간이자 현실이 된다.

4. '충만한 현재형'과 다시 살아날 미래의 온기

일상적인 공간에 스며 있는 기억의 결이 때로는 더 깊은 울림을 동반한다. 사라지고 남겨진 것, 비어 있으나 가득 차오르는 그 자리는, 시인의 내면과 세계를 가장 내밀하게 포착하는 거울이 된다. 보이지 않는 온기와 체온, 잔잔하게 스며드는 사물의 기척 속에서, 시는 상실 너머의 다정함과 따스함을 길어 올린다.

> 총각은 월세방을 얻어 혼자 지낸다
> 술을 자주 마신다고 택시회사에서 잘렸다
>
> 태백으로 가서 모르는 사람들과
> 컨테이너 숙식을 하며 깨진 돌 실어 나르는 덤프트럭

몬다

　　두어 달에 한 번 와서 밀린 공과금 몰아서 내고
　　푹 자고 간다

　　돌아가신 어머니가 살던 방에서
　　밤마다 이름을 부르며
　　시간이 날 때마다

어머니의 잠이 묻은 빈방을 닦으러 오곤 한다

제라늄이 말라 죽은 화분에서 잡초가 새파랗게 돋아났다
　　　　　　　　　　　　　　　　　—「풍경」전문

배관공이 살다 간 방을 치운다 빈방을 열 때마다
왠지 사람이 있을 것 같다

햇빛만 쏟아지는
오후 세 시에

속절없이 떠난 그는
계단을 오르내릴 때 잔기침을 많이 했었다 그것은 배관

에서 새어 나오는 소리 같기도 했고 녹물이 쏟아지는 것 같기도 했다
    딱딱하게 굳어 있는

    그가 먹다 두고 간
    생강차 반병, 버리고 간 작업복은 등을 보이며 걸려 있다 재떨이로 쓰던 종지에는 별꽃다육이 심어져 있다
    아무리 둘러보아도
    배관공이 살다 간 방에 배관은 보이지 않는다

    걸레질 몇 번에 빈방은 다시 말끔히
    제 속을 비우고

    또 어떤 사람이 이 방에 들어 쿨럭쿨럭 잔기침을 하며 살다
    갈까 눈빛이 깊은 그 배관공의 출근 시간은 새벽 다섯 시였다

―「배관」 전문

  이 두 시편은 '방', 더 나아가 '빈방'이라는 공간을 통해 결핍과 부재, 그리고 그 빈 자리를 감싸는 기억과 그리움의 의미를 환기한다. 위 시를 통해서 시인의 의식이 지향하는 방향과

세계관의 특질을 더욱 뚜렷이 파악할 수 있다. 앞선 시에서처럼, 존재의 부재는 단순한 소멸이나 '너'의 문제가 아니다. 오히려 남겨진 자리에서 더욱 선연하게 드러나는 온기와 그림자 그리고 '나'의 문제임을 일깨운다. 두 편의 시 모두, 빈방에 남은 사물과 기척 그리고 간절하게 반복되는 손길과 시선을 통해 상실 이후에도 끈질기게 지속되는 삶의 결을 정교하게 포착한다. 「풍경」의 총각은 홀로 월세방에서 "태백으로 가서 모르는 사람들과/컨테이너 숙식을 하며" 일상을 이어간다. 그러다 때때로 돌아와 "돌아가신 어머니가 살던 방에서/밤마다 이름을 부르며" 빈방을 닦는다. 이 평범한 반복은 '나'만의 애도의 의식이자, 떠난 존재의 의미와 체온을 온전히 기억하려는 손길로 읽힌다. "제라늄이 말라 죽은 화분에서 잡초가 새파랗게 돋아났다"라는 구절은, 상실과 그리움이 새로운 생명으로 이어지는 자연스러운 순환을 보여주면서 존재를 사랑하고 그리워하는 한 죽음조차도 상실이 아니라는 다정함의 심미를 잘 보여준다. 조평자 시인의 시에서는 존재를 기억하는 한 그것은 부재가 아니라는 새로운 의미와 온기가 피어난다.

이러한 시인의 통찰은 곧 「배관」으로도 이어진다. 화자는 "배관공이 살다 간 방을 치"운 후 "빈방을 열 때마다/왠지 사람이 있을 것 같다"라고 느낀다. 그것은 화자가 그를 기억하기 때문이다. 화자는 "속절없이 떠난 그"가 "계단을 오르내릴 때 잔기침을 많이 했"던 순간을 되새긴다. 그의 기침은 이제 "그가 먹다 두고 간/생강차 반병, 버리고 간 작업복" 등 남겨진 사물로 이어져, 그가 즐겨 마셨던 차와 기침의 이유까지 이해하게 만든다. 화자 '나'는 배관공이 남기고 떠난 방에서 발견되는 사소한 사물들과 결국 보이지 않는 "배관"을 찾아 헤매며, 존재의 빈 자리와 거기에 스며든 과거의 온기를 깨닫는다. "걸레질 몇 번에" "속을 비우"는 빈방, 그 방에서 새롭게 시작될 누군가의 삶, 그리고 또 다른 이의 온기가 쌓여갈 미래까지 모든 것이 부재와 기다림의 미학, 잊힌 기억의 따스함에 닿아 있다. 조평자 시인의 시에서 진정한 죽음과 부재는, 기억하지 못하는 곳에 있다. 시인은 '너'의 부재 현장을 단순히 재현하는 데 그치지 않고 '너'를 기억하는 애도의 언어와 다정한 눈길로 승화하는 것이다.

그래서 빈방은 단순한 허무가 아니라 사랑과 그리움이 고요하게 쌓여 다시 '관계'의 이파리를 틔우는, 삶의 또 다른 시작점임을 일러준다. 이 두 편의 시에서 가장 인상적인 것은, 상실이 놓인 자리마다 따스한 기억과 존재에 대한 숨결이 오래 배어 있다는 것이다. 사라진 이의 이름을 부르는 그리움, 지나간 온기를 떠올리게 하는 사물, 고요하지만 끈질기게 피어나는 작은 풀꽃들, 이 모든 것은 결핍을 채우는 또 하나의 다정함이자, 시적 심미적 따스함이다. 조평자 시인의 시의 공간과 시간은 상실 이후에도 식지 않는 온기, 어딘가 남아 있는 체온과 기억에서 가장 깊은 빛을 뿜어내고 있는 것이다.

5. '빗나간' 프레임에서 발견되는 공생의 정경

　시인은 낯선 미학을 향한 과도한 실험과 강박을 벗어나 삶이라는 실존의 본령에 귀를 기울인다. 그의 시 속에는 밝은 환희와 기쁨, 희망만이 머물지 않는다. 오히려 외로움, 고독, 미안함이 교차하며, 이 복합적인 감정들이 고스란히 서정의 골격을 이룬다. 생을 둘러싼 희로애락의 파편들이 투명하게 드러나기에, 그 다양성의 결에서 삶의 기쁨이 피어난다고 시인은 굳게 믿는 듯하다. 우리는 조평자 시인의 개인적 고뇌와 고독, 미안함의 흔적을 더듬을 수 있다. 익숙한 형식이나 의례적인 말의 장막을 걷어내고 존재의 진실한 풍경 앞에 마주 선 시인의 언어를 좀 더 들여다보자.

　　뭇국을 끓입니다 서로 아무런 말도 없이 서운하게
　　며칠을 앓다가

　　냄비를 열어 사는 일에 다시 불을 붙이는 뭇국, 끓이면
　　용서가 되고 내가 울면 따라 울어요

　　눈길조차 주지 않고 차려 먹는 저녁 밥상

　　우물우물 식욕이 달아오를 때 슬픔의 허를 찔러요 실패

와도 연애하고 싶어졌어요

　말간 쇠고기 국물이
　머뭇머뭇
　국그릇 둘레를 맴돌고 있어요
　　　　　　　　　　—「뭇국」 전문

　시인은 국 끓이기라는 소박한 행위를 통해 가족 사이의 서운함과 고립 나아가 용서와 화해로 이어지는 감정의 미세한 굴곡을 감각적으로 포착해 낸다. "뭇국을 끓입니다 서로 아무런 말도 없이 서운하게/며칠을 앓다가"에서처럼, 말없이 엇갈린 정서와 소통의 부재가 단출한 언어로 잘 드러난다. 하지만 "냄비를 열어 사는 일에 다시 불을 붙이는 뭇국, 끓이면 용서가 되고 내가 울면 따라 울어요"로 이어지며, 국 끓이기의 반복된 일상이 결국 상처를 녹이고 서로를 끌어안는 화해와 연민의 제의가 된다. "서운하게/며칠을 앓다가"도, "눈길조차 주지 않"는 식구들이라도 함께 "차려 먹는 저녁 밥상" 앞에서는 소리 없이 "슬픔의 혀"가 찔리고 미안함이 쌓여 어설픈 실패로 귀결된다 해도 "실패와도 연애하고 싶어"지는 따뜻하고도 애틋한 '밥'의 미학이 시 속에 섬세하게 스며 있다. 시인은 국이라는 평범한 사물성과 구체적 '상황' 묘사를 통해 일상의 서늘함과 온기가 교차하는 가족 관계의 본질을 편견 없이 응시하는 것이다. 이러한 시적 시선은 일상적 사물의 행위와 감정의 진폭이 우아하게 맞닿을 때, 바로 그곳에 삶의 진실한 아름다움이 있음을 절묘하게 보여준다. 시인은 한 상에 둘러앉아 밥을 나누는 한 가족에게서도 분열과 불화, 이해의 실패가 있을 수 있음을 「뭇국」을 통해 보여주는 것이다. 「뭇국」은 조평자 시인의 시의 핵심인 일상성과 어긋난 감정을 지닌 존재들의 공생의 정경 그리고 작은 행위에서 해결되는 관계와 미묘한 힘, 어긋남과 화해의 과정이 흔들림 없이 잘 드러나 있다.

    딸아이가 아름답고 슬픈 첼로 연주자가 되기로 한 뒤

    좁은 방에서 혼자

    이제 막 그네를 배우는 아이처럼

    현을 밀었다 당길 때

    저 작은 나뭇조각,

    단풍나무 브릿지에 얹히는 음악은 불안하기만 했다

매번 틀리는 음에서 자주 틀렸다

항공전용 케이스가 없어서,

삼성 냉장고 종이상자에 담아 테이프로 친친 감은 악기

화물칸에 싣고 독일로 떠날 때

젖은 발 단풍나무 브릿지

비행운을 길게 그으며 날아올랐다
ㅡ「단풍나무 브릿지」 전문

행복요양원,
침상 밑으로 엄마는 말을 모으고 있었다

망설이는 목소리를 들으려 귀를 세웠다
 집에 가자, 내 귓속으로 들어섰다가 감자 싹처럼 도려져 나갔다

귀가 벌겋게 달아올랐다

감자 심어놓고 올게요, 엄마
귀에다 봄 감자를 심었다

울지 못한 안쪽의 기분들이 중얼거리며 날아다녔다

감자분 같은 유리 먼지를 닦으면
우리 엄마, 모아둔 말을 안고
영영 살아서 집으로 돌아오지 못한다
─「집에 가자」전문

 이 두 시편은 모두 개인적 서사를 바탕으로 가족 구성원과의 이별과 상실의 순간을 세밀하게 포착하며, 일상의 경험을 깊은 미적 감동으로 승화시킨다. 「단풍나무 브릿지」는 '엄마'로서 느끼는 경제적 부족과 미안함 그리고 자녀와의 언젠가 닥칠 이별을 섬세하게 그리고 있다. 반면 「집에 가자」에서는 '딸'이 노모를 바라보며 현실의 한계와 미안함, 그리고 존재적 회한에 가닿는 복합적 감정을 보여준다. 시인은 「단풍나무 브릿지」에서, 첼로를 연주하는 딸아이의 성장과 이별 그리고 예술적 여정을 염려와 미안함으로 풀어낸다. 시는 "좁은 방에서 혼자//이제 막 그네를 배우는 아이처럼"을 시작으로 딸아이의 미숙하고 불안한 시작을 부드럽게 비춘다. "저 작은 나뭇조각,//단풍나무 브릿지에 얹히는 음악"은 첼로의 음색과

긴장, 그리고 불안의 정서를 압축한 표현이 된다. "좁은 방에서 혼자" 악기를 익히는 아이, "매번 틀리는 음에서 자주" 실수하는 모습은 성장의 고통과 미안한 엄마 화자의 불완전한 현실을 환기한다. "항공전용 케이스가 없어서,//삼성 냉장고 종이상자에 담아 테이프로 친친 감은 악기//화물칸에 싣고 독일로 떠날 때"는, 경제적 한계 속에서 미안한 부모와 그 속에서도 꿈을 붙드는 딸아이의 애틋함을 보여준다. 이때 "젖은 발 단풍나무 브릿지//비행운을 길게 그으며 날아올랐다"라는 마지막 부분은 환상과 현실의 경계와 설렘과 슬픔이 교차하는 아름다운 결말로 와닿는다.

「단풍나무 브릿지」는 성장통을 겪으며 자아를 찾아가는 '딸'의 모습을 예술이라는 매개를 통해 섬세하게 포착하는 한편, '엄마'로서 충분히 뒷받침하지 못했다는 미안함을 세밀하게 드러내고 있다. 딸이 서투르게 연주하는 현악기의 소리는 삶과 존재의 완전하지 못함을 상징하고, "저 작은 나뭇조각,//단풍나무 브릿지에 얹히는 음악"이라는 구절은 순간의 절정조차 흔들리고 빛나는 불안정함 곧 삶의 예측할 수 없는 미래를 암시한다. 엄마의 시선에서는 경제적 부족과 충분하지 못한 사랑에서 비롯된 자기반성과 미안함이 깊이 배어 있으며, 마지막 이별의 장면에서는 현실과 꿈, 엄마와 딸의 관계가 영원할 수 없음을 고통과 아름다움이 교차하는 역설로 그려낸다. 이 시는 헤어짐의 필연을 통해 인간의 피할 수 없는 불안과 위안을 절묘하게 아우른다. 이제 시인은 '엄마'의 시선에서 벗어나 '딸'의 입장이 된다.

「집에 가자」는 늙은 어머니와 딸의 관계를 통해 인간 존재의 근원적 고독과 삶의 무상함 그리고 미안함과 회한을 깊이 있게 응시하는 작품이다. 이 시가 보여주는 '집'은 단순한 주거 공간을 넘어, 한 인간이 마지막까지 돌아가고 싶은 태초의 안식처, 존재의 귀소본능이 투영된 상징적 공간이다. "행복요양원"에서 마지막을 준비하며 "말을 모으는" 어머니의 침묵은, 언어로 다 표현될 수 없는 세월의 한과 끝없는 고뇌 그리고 자식에게 전부 주지 못했다는 미안함이 응축된 인간적 침잠을 드러낸다. 화자 '딸'은 그 침묵을 듣기 위해 온 신경을 곤두세우고, 어머니의 내면에 가라앉은 한 마디 한 마디를 더듬는다. 어머니가 무의식적으로 "집에 가자"라는 소원을 말할 때, 이는 이루어질 수 없는 소망이지만 곧 삶의 끝에서 마지막으로 붙잡고 싶은 절절한 귀향 의지이기도 하다. 이에 화자는 "감자 심어놓고 올게요, 엄마"라며 불가능한 약속을 건네고 그 안에서 "울지 못한 안쪽의 기분들이 중얼거리며 날아다"니는 다양한 내면의 파동을 경험한다. "감자분 같은 유리먼지를 닦"아내며 "영영 살아서 집으로 돌아오지 못"할 어머니의 부재를 실감하는 순간, '집'이라는 공간은 결국 엄마라는 존재와 연결된다.

이처럼 조평자 시인의 미학은 자신의 서사를 끊임없이 반성

하고 성찰하는 태도에 있으며 존재의 고뇌를 보편적 차원으로 확장해 독자의 가슴 깊이 공감을 불러일으키는 데 있다. 「단풍나무 브릿지」와 「집에 가자」는 한 개인의 이야기를 넘어 엄마로서, 딸로서 살아가는 이 시대 모두에게 따뜻한 위로와 인간적 구원의 메시지를 전하는 것이다.

조평자 시인의 『맨드라미 사진관』은 존재의 상처와 결핍, 타자의 고통과 일상적 풍경 속에서 삶의 진실을 집요하게 응시하고 미적 언어로 섬세하게 펼쳐낸다. 사진작가로서의 시인은 피사체와 세계를 끝까지 외면하지 않는 시선, 심안과 윤리적 감각 그리고 구체적 삶의 단면을 오롯이 작품에 각인한다. 그의 시에서 나와 너, 그리고 이웃과 공동체는 상흔과 기억, 부재와 온기가 교차하는 자리에서 다시 관계의 의미를 회복한다. 상실과 결핍의 공간은 허무가 아니라, 애도와 연민, 그리고 희망의 지형으로 전환된다. 조평자 시인의 시세계는 아픔을 외면하지 않는 응시와 따뜻한 공감으로 독자의 마음에 오래 각인되는 근원적 울림과 미학적 구원을 선사한다. '너'의 아픔을 기억하는 '나', '나'의 고통을 읽어주는 '너'가 있어 우리는 고통과 부재마저도 온기로 전환할 수 있다. 시인의 시를 통해 우리의 삶은 언제나 서로의 곁에서 공생하고 있음을 다시금 확인하게 된다.

『맨드라미 사진관』은 개인과 공동체가 반드시 마주해야만

하는 단단하고 서늘한 현실과 고통 속에서도, 예술적 울림과 깊은 공감으로 '인간의 자리'가 회복됨을 경험하게 한다. 조평자 시인의 시를 통해 우리는 추상보다는 구체적 현실을, 복제된 감정보다는 원본의 진실을, 그리고 바람과 애도의 태도에서 비롯되는 강인한 힘을 새롭게 인식한다. 기억과 현시는 곧 이웃을 향한 섬세한 관심이자 애도의 예술적 방식임을 깨닫게 되며, 개인의 진솔한 고백은 마침내 공생의 문으로 이어진다. 다양한 공생의 정경은 갈등과 분열이 아니라, 한층 더 풍요로운 삶의 결실임을 조평자 시인은 특유의 섬세한 언어로 또 한 번 우리에게 일깨우고 있다.

시인동네 시인선 259

맨드라미 사진관

ⓒ 조평자

초판 1쇄 인쇄	2025년 9월 4일
초판 1쇄 발행	2025년 9월 11일
지은이	조평자
펴낸이	김석봉
디자인	헤이존
펴낸곳	문학의전당
출판등록	제448-251002012000043호
주소	충북 단양군 적성면 도곡파랑로 178
전화	043-421-1977
전자우편	sbpoem@naver.com

ISBN 979-11-5896-709-3 03810

*이 책의 판권은 지은이와 문학의전당에 있습니다.
*양측의 서면 동의 없는 무단 전재 및 복제를 금합니다.
*잘못 만들어진 책은 바꿔드립니다.
*이 시집은 2025년 경상남도, 경남문화예술진흥원의 문화예술지원을 보조받아 제작되었습니다.

 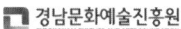